안녕, 나는 라마야.
남미 안데스 산맥의 작은 마을에서 태어났지.
엄마 아빠는 관광객들의 짐을 등에 실어 나르고
나는 관광객들과 함께 사진 찍어주는 일을 했었어.

지금은 뭘 하냐고?
내 편지를 한번 읽어볼래?

계남

바다 건너 세상에 관심이 많다. 깊숙한 곳에 있는 마을을 찾아다니며 자연과 사람, 동물이 어울려 지내는 풍경 속에서 기쁨을 느낀다. 세상 곳곳에 숨어 있는 빛나는 순간들을 담아내고 싶다. 아트샵 '토도비엔'을 운영하며 일러스트와 회화 작업을 하고 있다. 오랜 기간 디자이너로 일하다 퇴사 후 홀로 그림을 그리기 시작했다. 나다운 삶을 찾아 고민하고 용기 낸 시간들을 모아 『라마 씨, 퇴사하고 뭐 하게?』를 쓰고 그렸다.

라마 씨를 따라가는 여정이 당신에게도 의미 있는 여행이면 좋겠다.

라마 씨, 퇴사하고 뭐 하게?

초판 1쇄 인쇄 2023년 1월 4일
초판 1쇄 발행 2023년 1월 18일

글·그림 계남
펴낸이 김선식

경영총괄이사 김은영
어린이사업부총괄이사 이유남
책임편집 이현정 **디자인** 이정아 **책임마케터** 박상준
어린이콘텐츠사업5팀 조문경
어린이디자인팀 남희정 남정임 김은지 이정아
마케팅본부장 권장규 **마케팅5팀** 최민용 박상준 송지은
미디어홍보본부장 정명찬 **어린이홍보파트** 이예주 문윤정
저작권팀 한승빈 김재원 이슬
재무관리팀 하미선 윤이경 김재경 안혜선 이보람
인사총무팀 강미숙 김혜진 지석배
제작관리팀 박상민 최완규 이지우 김소영 김진경 양지환
물류관리팀 김형기 김선진 한유현 민주홍 전태환 전태연 양문현 최창우

펴낸곳 다산북스 **출판등록** 2005년 12월 23일 제313-2005-00277호
주소 경기도 파주시 회동길 490 **전화** 02-704-1724 **팩스** 02-703-2219
다산어린이 카페 cafe.naver.com/dasankids **다산어린이 블로그** blog.naver.com/stdasan
종이 ㈜IPP **인쇄** 북토리 **제본** 대원바인더리 **후가공** 제이오엘엔피

© 계남, 2023

ISBN 979-11-306-9559-4 07810

· 책값은 뒤표지에 있습니다.
· 파본은 본사 또는 구입한 서점에서 교환해 드립니다.
· 이 책은 저작권법에 의하여 보호를 받는 저작물이므로 무단 전재와 복제를 금합니다.

· 요요는 무한 상상을 꿈꾸는 다산북스의 브랜드입니다.

라마 씨,
퇴사하고 뭐 하게?

글·그림 계남

첫 번째 편지

동료 라마에게

어젯밤 꿈에 나는 여전히 무지개산을 오르고 있었어.
먼 옛날 신들이 머물렀다는 곳.
지금은 관광객들이 감탄하며 오르고 있는 그곳.
그리고 너와 내가 관광객들의 사진 모델로 함께 일하던 그곳.

"남는 건 사진뿐이라잖아.
예쁘게 찍어주자."

너의 말이 이해가 안 됐어.
알록달록 장식을 달고 사진기 셔터에 맞춰
씩 웃으며 사진을 찍었지.
마음에 드는 사진을 얻으려고
계속해서 여러 번 찍는 관광객들 때문에
하루에 백 번도 더 넘게 찍힌 날도 있었잖아.
나는 웃는 것도 너무 지겨웠어.

그런데 생각해보면
내가 일을 그만두고 여행을 떠나볼까 했던 건
어떤 관광객 아저씨가 보여준 사진 때문이었어.
끝없는 바다, 식물들이 주인인 것 같은 정글,
얼음밖에 없는 세상과 모래뿐인 세상.

그 아저씨의 핸드폰에는 내가 모르는 세상 풍경이 가득했지.
사진들을 보고 있으니 세상이 궁금해졌고, 떠나고 싶어졌어.
우리가 찍었던 지겨운 사진이
누군가에겐 새로운 세상으로 다가가는 문이 될 수도 있다는 걸
이제는 알 것 같아.

그래도 일은 정말 힘들었어.
장난꾸러기들이 꼬리를 잡아당기거나
털을 뽑아도 항상 친절해야 한다는
규칙을 지켜야 했으니까.
그만두기로 결심하게 된 그날,
내 얼굴과 몸이 마음에 안 든다고 욕하면서
다른 라마로 바꿔 달라고 소리치던 사람의
얼굴이 아직도 잊히지 않아.

그 밤엔 아무리 힘을 내려 해도 힘이 나지 않고,
스스로 초라하게만 느껴져서 잠을 이루지 못했어.
어쩌면 나는 도망친 것인지도 모르겠어.
여전히 성스러운 산을 지키며 성실하게
하루하루를 채워가는 너와 가족들을 생각하곤 해.

평범한 일상을 지켜나가는 것도
매일매일 용기를 내야 하는 일인 것 같아.

지금도 쉬는 날에 꽃향기를 맡고, 새소리를 듣니?
그냥 지나치던 꽃과 새의 위로를 깨닫게 해준 게 너였어.
꽃향기와 새소리 속에서 말없이 보내던 그 시간이 없었다면,
나는 더 일찍 일을 그만뒀을지도 모르겠어.

열대식물이 가득한 정글을 탐험하면서
네 생각을 했어.
이곳의 푸르름과 생기를 너도 함께 느끼면
얼마나 좋을까 하고.
정글 깊숙한 곳에서 "억억억" 하는
기괴한 소리가 나서 겁이 났어.
고함원숭이 소리라 하더라고.
소리를 지르는 진짜 이유는 모르지만
또 왠지 알 것도 같았어.
우리도 가끔 꽥꽥 소리를 지르고 싶을 때가 있잖아.

일하면서 서 있기도 힘들고 졸릴 때는 함께 커피를 마셨지.
무심코 마시던 커피였는데,
커피 농장에 가서 보니 완전히 다른 느낌이었어.
커피나무와 열매를 보고 있으니
'커피는 이렇게 애를 쓰며 열심히 자란 생명이 전해준 온기였구나.'
하고 뭉클해졌어.
커피가 자라고 있는 시간 속에서 커피 향을 맡으며 한참 서 있었어.
그 풍경과 향을 너에게도 전하고 싶어.

난생처음 바다에도 갔어.
깜깜할 것만 같은 깊은 바닷속에는 눈부신 형광빛 세상이 있었어.
예쁜 물고기들과 네가 보면 좋아할 게 분명한 형형색색의 식물들이 가득했지.

새처럼 날개를 펼치고 헤엄치는 가오리와 물고기들.
나도 모르게 그들을 따라다니면서 노래를 불렀어.
그 신비롭고 부드러운 풍경을 네 눈에도 비춰주고 싶어.

너와 함께 보고 싶은 풍경이 정말 많았어.
해안가를 여행하면서 알게 된 건 바다마다 색이 다르다는 거야.

어떤 바다는 에메랄드색, 어떤 바다는 초록빛이 도는 푸른색,
또 어떤 바다는 깊고 짙은 군청색이었지.
문득 스케치북에 옮겨놓고 싶어졌어.
물감을 섞어 눈앞의 바다와 비슷한 색을 만들어
종이를 채우고 있으니 내 마음도 푸르게 채워지는 것 같았어.
그 그림들을 너에게 보여주고 싶어.

두 번째 편지

비쿠냐에게

너는 지금 어디를 여행하고 있을까?
너의 여행은 끝이 났을까?
널 처음 만났던 날이 아직도 생생해.
난 첫 여행지에 도착해서 덜덜 떨고 있었어.
말도 서툴고 아는 사람 하나 없는 곳에 왜 왔을까.
관광객들의 사진 모델을 하던 때가 좋았던 게 아닐까.
의기소침해져서 숙소 구석에 웅크리고 있었지.
그때 너를 처음 본 거야.

사실 나는 오랫동안 너에 대해 생각했어.
라마의 친척이지만, 라마와 다른 삶을 사는 비쿠냐.
절대 길들여지지 않는 존재라는 비쿠냐.

'나는 왜 비쿠냐가 아니고 라마일까.'
라고 생각하며 부러워하던 존재.
그 비쿠냐가 눈앞에 나타난 거야.

너와 함께 여행한다면 다 괜찮을 것 같았어.
그래서 용기를 내서 다가갔지.
금방 말이 통하고, 둘이 다니는 게 정말 좋았어.

호수 한가운데 있는 섬에 갔을 때의 네 모습을 잊을 수가 없어.
안내자가 섬 가운데 길게 나 있는 길만 따라가면
섬을 한 바퀴 돌 수 있다고 해서 나는 길을 따라 걷기 시작했지.
그런데 너는 길옆에 펼쳐진 황무지 언덕으로 올라가 걸었잖아.
호수와 먼 풍경이 훨씬 잘 보인다며 날 부르던 너!
햇살과 함께 네가 눈부시게 반짝거렸어.

'내가 꿈꾸던 비쿠냐의 자유가 이런 거구나!'
하고 느낀 순간이었어.

함께 빙하를 오르던 일도 떠올라.
얼음으로 뒤덮인 빙하, 그 사이를 흐르는 물.
짙고 옅은 파란 물감을 칠한 것 같은 틈들.
신기한 모양의 구름들.
바람이 부는 대로 모양이 계속 바뀌는 얼음 사막에서
너와 함께 길을 만들며 걷는 건 특별한 경험이었어.
정해진 길이 없어도 아름답던 순간.

어릴 때 나에게는 특별한 꿈이 없었어.
그런데 어른들은 항상 꿈이 뭔지 물었고, 대답하기 어려웠어.
그림을 좋아해서 화가가 돼볼까 생각한 적은 있지만,
결국 다른 라마들처럼 사진 모델로 살게 되었지.
그 얘기를 들은 네가 말했어.

"왜 꼭 무엇이 돼야 해?
나는 내가 살고 싶은 곳을 찾아 그곳에서 사는 게 꿈이야.
그래서 세계 곳곳을 여행하는 중이고."

꿈이라는 게 꼭 직업을 갖는 건 아니라는 걸 그때 처음 깨달았지.
눈이 번쩍 뜨이는 멋진 말이었어.

우리가 마지막으로 여행했던 섬을
나는 영원히 잊지 못할 거야.
별을 삼킨 것처럼 빛나던 바다를
말없이 바라보던 우리.

그때 너의 눈은 이전보다 훨씬 단단하고 빛이 났어.
내 눈도 그랬을까?

네 눈 속에서 그 여행 동안 우리 눈에 담은 아름다운 것들이
동시에 떠올라서 반짝거리는 것 같았어.

"넌 참 특별한 눈을 가졌구나."

내 그림을 본 네가 했던 말 기억해?

그때 처음으로 나는 내가 무언가
해낼 수 있을지도 모른다는 생각을 했어.
어쩌면 이 모든 게 너 때문에 가능했는지도 모르겠어.

정말 고마워.

세 번째 편지

나에게

일을 그만두던 날
나는 의연한 척 했지만, 사실 무섭고 혼란스러웠어.
내 자리가 더 화려한 장식을 단 어린 라마로
바로 채워지는 걸 보니 섭섭하기도 하고.
갑자기 '이제 어떻게 살지.' 하는 걱정도 됐어.

여행을 떠난다는 내게 누군가 말했지.
남들처럼 그냥 살지, 왜 다르게 살려고 하느냐고.

나는 다르게 살려고 한 게 아니었어.
그저 세상이 궁금했고 내가 행복했으면
좋겠다는 생각뿐이었지.

처음에는 이 모험이 두렵기도 했지만
지금은 용기를 내준 내가 정말 고마워.
낯선 길에서 새로운 자극을 받으며
내가 무엇을 좋아하는지, 무엇을 잘하는지,
어떻게 살고 싶은지 마음에 귀를 기울일 수 있는
소중한 시간이었어.

먼 바다에서 만났던 고래가 기억나.
사방에 아무것도 없는 짙푸른 망망대해에서
갑자기 거대한 대왕고래가 나타났지.
수면 위로 올라와 하얀 분수 같은 물을 뿜고는
다시 바닷속으로 들어가는 위엄 있고 우아한 몸짓과
다시 유유히 헤엄쳐 가던 모습.

그때 고래처럼 힘 있게 흘러가는 삶을
살자고 했던 다짐을 잘 간직하자.

생생하게 살아 있던 화산을 떠올리면 아직도 심장이 뛰어.
건너편에 있는 화산을 보기 위해 끙끙 산을 올랐던 날
해가 져서 오들오들 떨고 있을때,
'퍼엉' 굉음과 함께 불꽃을 뿜으며
불의 산이 깨어났지.

화산에서 불꽃이 터질 때마다
비쿠냐와 함께 환호성을 질렀어.
마치 산에 살고 있는 불의 여신이 폭죽을 내뿜듯
밤새도록 신나게 터뜨렸잖아.

매일매일은 아니더라도, 한 번씩은
폭죽을 터뜨리는 것처럼 살아보면 어떨까?
폭죽을 터뜨리는 것처럼 흥분되고 가슴 뛰는
날들도 필요한 것 같아.

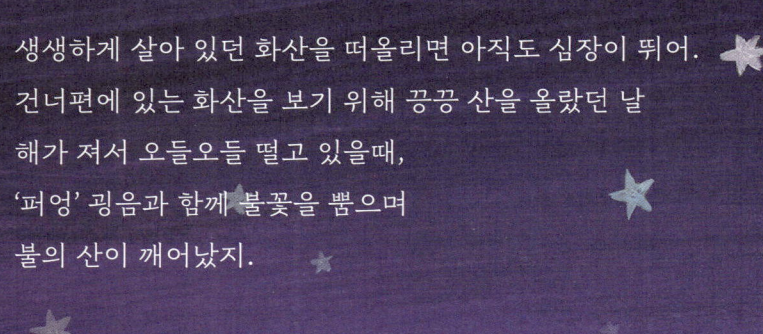

마주칠 때마다 인사를 건네던 작은 마을 사람들.
동네에 처음 온 손님이라며 음식과 차를 내주던 환대.
말은 안 통하지만 표정과 몸짓으로 마음을 주고받은 사람들.
그 따뜻함을 기억해.

나도 그런 다정하고 순한 마음을
나눌 수 있으면 좋겠어.

기차를 놓치고, 길을 잃고,
완전한 어둠에 갇히기도 했지만 여기까지 잘 왔어.
가장 어두울 때도 도와주는 사람들이 나타났고
어려움 속에서 오히려 더 큰 힘이 생기기도 했어.
세상은 넓고 깊고 어둡고 밝고
위험하고 따뜻했지.

나는 더 이상 안데스 산맥의 사진 모델 라마가 아닌
이 아름다운 지구에 사는 작고 하찮은
그러나 소중한 생명이라는 걸 느낀 여행이었어.
내가 보고 느끼고 경험한
이 세상의 아름다움을
이제 다른 사람들에게 보여주고 싶어.
함께 나누고 싶어.

이제 너의 이야기를 들려줄래?